So geht's:

Das Beispiel zeigt, wie du mit miniLÜK spielst. Die Übung findest du auf Seite 2 und 3.
Öffne das miniLÜK®-Kontrollgerät und lege den durchsichtigen Boden des Kontrollgerätes auf die untere Übungsseite deines miniLÜK-Heftes.

Nimm Plättchen 1. und sieh dir Aufgabe 1. an.
Hier siehst du einen Zapfen.
Suche nun dieselbe Form auf der unteren Seite.
Lege dann das Plättchen 1. mit der Ziffer nach oben auf die passende Form auf der unteren Seite.

So spielst du weiter, bis alle 12 Plättchen auf dem durchsichtigen Teil des Kontrollgerätes liegen und keine Bilder mehr zu sehen sind.
Dann schließt du das Kontrollgerät und drehst es um. Wenn du das bei der Übung abgebildete Muster siehst, hast du alles richtig gemacht.

Passen einige Plättchen nicht in das Muster, löst du diese Übungen noch einmal.

Stimmt es jetzt?
Dann nun viel Spaß!

1
2
3
4
5
6
7
8
9
10
11
12

Finde diese Form.

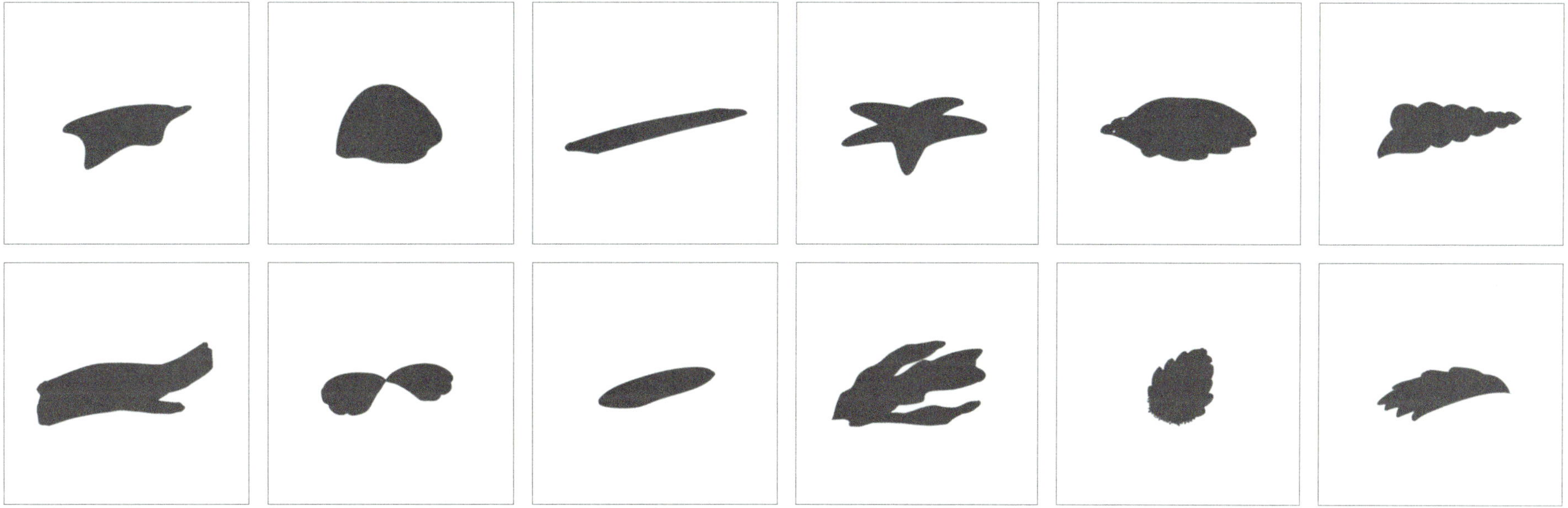

1
2
3
4
5
6
7
8
9
10
11
12

Wer war da?

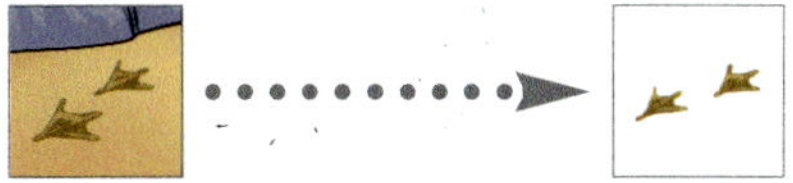

1
2
3
4
5
6
7
8
9
10
11
12

Finde das Muster.

1
2
3
4
5
6
7
8
9
10
11
12

Setze die Reihe fort.

1
2
3
4
5
6
7
8
9
10
11
12

Wo sind genauso viele?

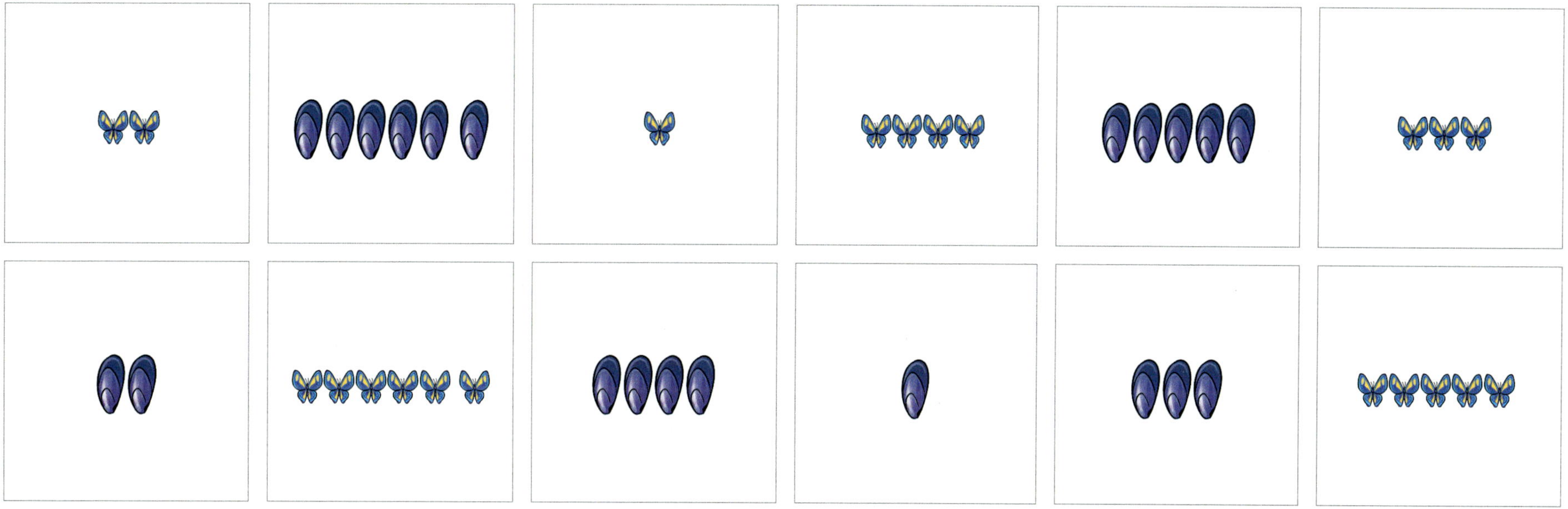

1
2
3
4
5
6
7
8
9
10
11
12

Wo sind mehr?

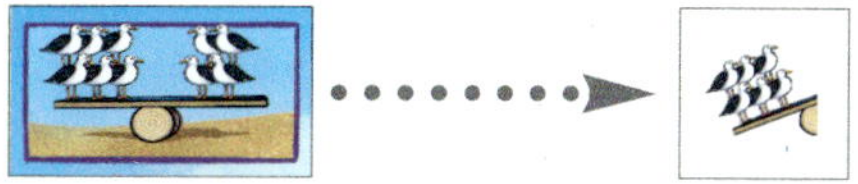

1
2
3
4
5
6
7
8
9
10
11
12

Wo sind weniger?

1
2
3
4
5
6
7
8
9
10
11
12

Wie viele sind es?

9	3	2	6	1	4
11	5	8	12	10	7

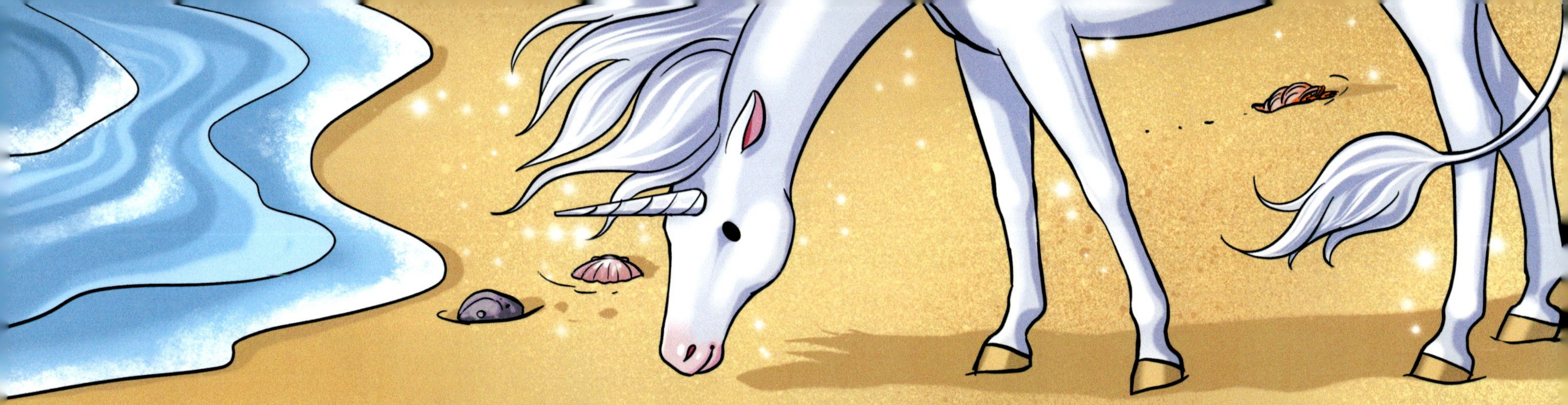

	2				6			9		11	
1				5			8				12
1	2	3	4	5	6	7	8	9	10	11	12

Was fehlt denn da?

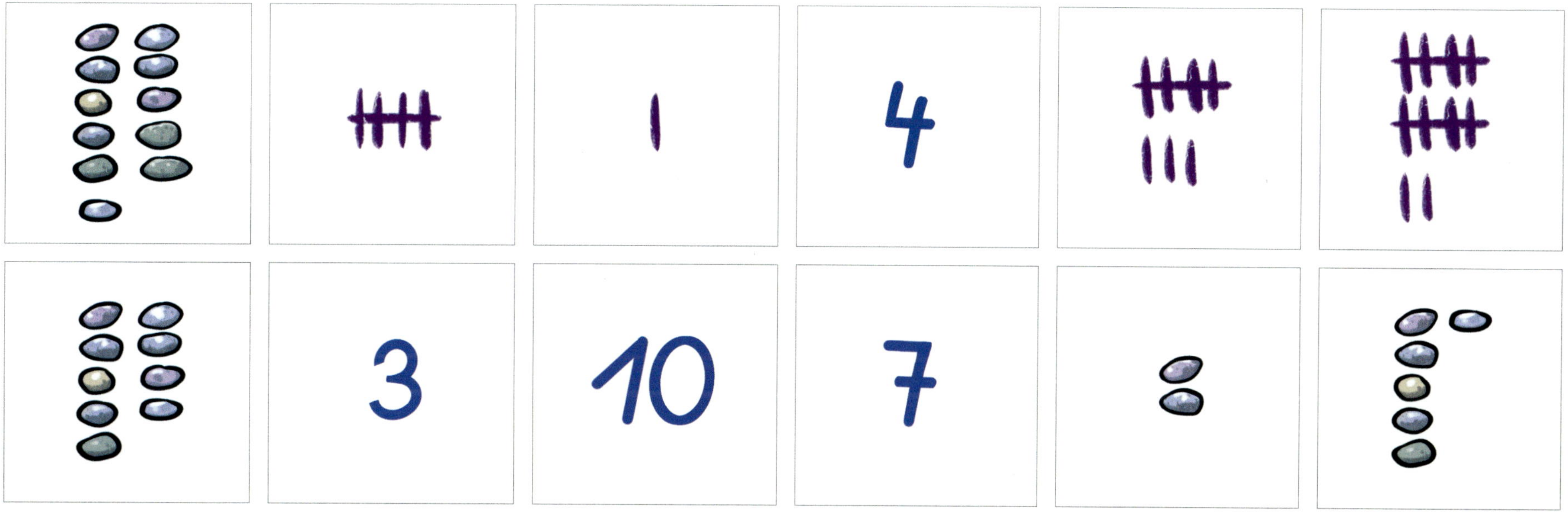

1
2
3
4
5
6
7
8
9
10
11
12

Wie viele sind es hier?

4	6	10	7	11	5
1	8	2	3	9	12

 → 5

1
5+5
2
3+2
3
0+2
4
2+4
5
1+3
6
6+6
7
6+5
8
5+4
9
1+0
10
4+4
11
3+0
12
5+2

Wie viele sind es zusammen?

5	12	6	10	1	2
9	7	11	8	3	4

10

1
10 - 5
2
5 - 2
3
12 - 0
4
8 - 2
5
10 - 3
6
6 - 4
7
10 - 1
8
10 - 2
9
5 - 1
10
12 - 1
11
12 - 2
12
6 - 5

Wie viele bleiben da?

7	10	3	2	9	11
12	4	8	1	6	5

→ 5

4 5+2
6 2+1
2+2 3
6+4 5
1+1 12
1 5+5
2 1+0
3+2 10
3+3 11
4+1 8
7 3+1
4+4 9

Ich kann Plus rechnen!

4	6	4	5	2	1
10	8	7	10	3	5

5+5 → 10

5-3
1
2-1
2
8-4
3
5-3
4
10-3
5
6-1
6
10-2
7
4-3
8
8-2
9
10-1
10
4-1
11
7-2
12